真宗門徒の生活に自信を持とう

宮城顗

法藏館

真宗門徒の生活に自信を持とう ＊ 目次

Ⅰ

Ⅱ

凡例

引用文献は、以下のように略記する。

・『真宗聖典』（東本願寺出版）…………聖典

・『真宗聖教全書』（大八木興文堂）……真聖全

真宗門徒の生活に自信を持とう

I

「安心してもだえてこれます」

きょう、こちらにこうしてご縁をいただきました。さきほどからのお勤め、式典の間にも肌で感じさせていただいたことですけれども、このようにご門徒のみなさま方の中から願いを起こされ、一年の準備のうえにこうして会が開かれたという、そのことにまずもって深く敬意を表させていただくことでございます。そのお心というものを、ひしひしと感じております。

みなさまのお話し合いの中から、「真宗門徒の生活に自信を持とう――いのちの尊さを念じて――」というテーマを与えていただきました。この真宗ということですが、みなさまの場合も、多くの場合は、もともと真宗門徒の家に生まれて、家代々が真宗だったから真宗だという方が多いのではないかと思います。また女性の方ですと、嫁いで来られてそういう縁を持たれたという方もおありかと思います。その意味で、真宗ということを、あらためて問い直すということも、なかなかないままに過ごしてしまうことが多いかと思います。

私自身、真宗ということを、非常に具体的に考えさせられた一つのご縁がございました。京都の東本願寺の東のほうに、高倉《たかくら》会館という会館があります。日曜日ごとに、講演会がおこなわれています。私も京都に居たころは出させていただいたのですけれども、そのときに出会った一人のお婆さんがおられました。あるとき休憩をしていましたら、そのお婆さんがおいでになりました。そして、「私はどうしても真宗でないと救われん。私の家は、もともと真言宗の檀家であり、たまたま知り合いの人に誘われて高倉会館に来て、真宗の教え、親鸞聖人《しんらんしょうにん》の教えを聞いて、どうしても自分は真宗でないと救われんと、そういう気持ちがだんだん強くなって、どうしても変わらせてほしいが、どうだろう」と相談に来られたのです。

そのときには、やはりまずご家族とお話し合いになり、それから今までお世話になったお寺ともお話し合いをされて、了解を得て、まあそれでということなら、お話をお聞きしましょうということで、お別れしたのです。それで、そのお婆さんは、家に帰って子どもたちに話されたのです。まあ、子どもといいましても、長男は当時で五十歳近い方で、整形外科のお医者様をなさっていました。あと娘さんが二人おられて、それぞれにお勤めでした。ですから、普段は寺のこと、仏事のことにはまったく関心を持たないで、お婆さんが一人で勝手にしておいてくれという感じだったそうです。ですから、真言宗から真宗に変わりたいといっても、勝手にすればいいと言うと思っていたのです。ところが、みなが強く反対したといわれるのです。代々ご先祖が真言宗のお寺でお世話になってきたのに、お婆さん一人の気持ちで変えるということは賛成できないと、とても反対されたのだそうです。それで、そのお婆さんは困られたのです。「寺のことはまかせとくで、勝手に、好きなようにすりゃあいい」と、投げだすかと思っていたら、そのようにみんなから一生懸命に反対された。それで、まったく無関心ということでもなかったのだなあと、そういう面では少し思いを新たにしたといわれました。けれども、ともかく「今、ちょっと困っております」ということだったのです。

ところが、しばらくして、そのお婆さんが胃癌だということがわかりました。息子さんはお医者さんですから、整形外科で専門ではありませんけれども、お医者さん同士、どういう症状かということを詳しく尋ねられたのです。すると、手術はしてみるけれども、ということだったらしいのです。それで、手術のために入院するという直前に、あらためて、「やはり自分は真宗に変わりたい、真宗でないと救われん」ということをいわれたのです。すると、状況が状況ですから、息子さんたちも、今度は「そういうことなら真宗に変わろう」と、賛成を得たということです。私のお預かりしている寺が京都市内ですから、それであらためて寺のほうにおみえになりまして、宗派を変わる法要をお勤めしました。

そして、法要が終わってお帰りになられるときに、一言こういうことをおっしゃったのです。「これで安心してもだえてこれます」と。まあ、そのことしかそのときはおっしゃらなかったのですが、そうしますと、そのお婆さんにとって真宗とは、自分がどれだけもだえようと、どれだけわめこうと、どれだけ愚かさをむきだしにしようと、そんなことでびくともするような道ではない。救われる、救われない、仏法にあえる、あえないという、そういう区別はまったくない、たしかな道だ。そういうことを、そのお婆さんは感じておられたのでしょう。

逆にいえば、たまたまその方は真言宗だったわけですが、真言宗では「そういうことでは、お前は救われんぞ」といわれるそうです。これは真言宗、それから日本で代表的なのは比叡山の天台宗です。真言宗は東寺と、そして高野山が本山です。そういう宗派は聖道門《しょうどうもん》の宗派、「聖道」という言葉で一口にまとめられます。これは文字どおり、修行をつみ、善根《ぜんごん》をつんで、自分が聖《ひじり》にまで高まっていって、そして聖になって救われる道です。いわゆる凡夫の身から、いろいろと行をつみ、教えを聞き、善根をつんで、その力でどんどん向上していって、そして最終的には聖にまでなる。そして、聖になることによって、そこではじめて救いを得るという道です。

私たちは、いろいろな面を持っているわけですが、醜い面もあるわけです。弱い面、愚かな面というのも、私たちにはございます。そういう人間の弱い面を、修行の力で一つひとつ乗り越えていって、最後に聖になる。この聖というのは、まあいろいろと言葉をもっていわれますけれども、具体的にいえば、清くて美しく正しいということです。そういう、清く美しく正しい人間になることで救われるという道です。少なくとも、そうなることを求めて一生懸命努力を積み重ねてゆく道、それが聖道の道でございます。そのかぎりにおいては、それこそそのたうちまわったり、わめいたりするような、そういう根性では、そういう愚かさでは、まだまだ救いからは遠いということに、当然なるわけです。

それに対して、お婆さんが感じられた親鸞聖人の教えは、人間の事実というものをまるまる受け止めてくださる道だということです。人間は、誰でも清く美しく正しい一面を持っています。しかし同じように、醜くて汚くて愚かな面も、やはり抱えている。清く美しく正しいというだけの人間にならなければ救われない道だとしたら、それはとても私たちの歩める道ではない。そういう道ならば、努力ができないものは絶望させられていくことになりますし、努力できたものは、今度は逆に努力しない人を愚かなやつだと見おろすことになってしまう。しかし、人を見おろすようなことになる道が、はたして仏教の道なのかということを、そのお婆さんは感じておられたのです。そして、そのお婆さんは、もしそういう清く美しく正しいという、それだけが人間として正しいあり方だとする道ならば、それは私が救われる道ではないと思われたのです。

そして、ほんとうに人間として救われていく道を求められたのです。それは周りの人、同じ人間すべてが共に救われていく道でなければ、自分の救いもほんとうには成り立たない。その意味で、人間のいろいろな美しい面、汚い面、愚かな面、賢い面、あらゆるものを人間の事実としてそのまま受け止めてくださった、そういう道を親鸞聖人は歩いておられる。その道、そういう真宗でなければ、自分はとても救われない。そういうことを、深く感じられたのでしょう。真宗でなければ私はとても救われないということで、宗派をどうしても変わりたいと、こういう願いを持って、来られたわけです。

そういうお婆さんに出会って、私は当時、住職をしていましたが、はたしてほんとうにそこまで、いろいろな理屈は口にしますけれども、具体的に生活の事実として、そのお婆さんが真宗というものを選びとっていかれた、それほどはっきりとした選びを自分が持っていたのかということを強く感じさせられました。また、真宗のたしかさというものは、人間の事実をまるまる受け止めて、しかもそこに深い願いを持って道を開いてくださっている教えだということにあるということを、深く学ばせていただきました。

不安がいのちだといえる人生

もう一人、これもお婆さんでしたが、この方の場合は、書かれたもので教えられました。金沢の近くに松任《まっとう》という古い町がございます。そこのお寺の住職が新聞を出しておられまして、いろいろな人に会いに行って、その方からいろいろなお話を聞いて、感動したところを紹介しておられるのです。その新聞で読ませていただいたのです。そのお婆さんは、十九歳のときに男の人に騙《だま》されて、父なし子を生まれた。しかも生まれてきた赤ちゃんは、身体に障害を持っておられた。その子を抱えて、十九歳のときから金沢の町を行商して歩きながら生活をしてこられたお婆さんです。やはり、常に聞法の場に足を運ばれて、聞法してこられた方です。

そのお婆さんと住職との会話が、紙面に書かれていたのです。その中で、お婆さんがこういうことをいっておられました。「こういう生活をしていると、いろいろな不安がある。もう不安だらけだ」と。それはそうでしょうね。お婆さん一人で、しかも子どもが障害を持っているのです。もし自分が死んだら、後どうやって暮らしていくか、子どものことも不安です。ですから、「もう不安だらけです」といわれる。先日も若い人が来て、「お婆さん、不安はないか」と聞かれた。なにかの宗教、新興宗教でしょうね。熱心に若い人が来られて、「不安はないか」という。それで、お婆さんが「不安ばっかりだ」といったら、「そうだろう」と。「だから私たちが、ただで不安をとってあげる会をしているから、お婆さんも来て、その不安をとってもらったらどうか」と、こう勧められたらしいのです。

それに対して、そのお婆さんは、「それはご苦労さんなことやね。だけど、この不安をあんたらにあげてしもうたら、うらは（私は）なにを力に生きていったらええがやろね（生きていったらいいんでしょうかね）」と、こういうことを、方言丸出しでいわれたのです。この不安があるから、私でもこうして教えを聞く聞法の場に足を運ばせてもらって、そしてこうして生きていることの有難さを教えていただいている。この不安がなくなってしまったら、おそらく毎日うだうだと過ごしてしまうに違いない。不安がいっぱいあるからこそ、ほんとうに人間として生きているということ、生きるとはどういうことなのだろう、どう生きればいいのだろうと、そのことを私に学ばせてくださっている。この不安が少しでもなくなれば、すぐにでも腰をおろして、楽に暮らしてしまうこの私が、不安があるばっかりに、一生懸命聞法の場に足を運ばせてもらえる。そのおかげで、今日まで生きてこられたのだ。「この不安をあんたらにあげてしもうたら、うらはなにを力に生きていったらええがやろね」と、そういうことをおっしゃったのだそうです。そうしたら、その若い人は、結局黙って帰っていかれたそうです。

そうでしょうね、不安がいのちだなどという人を動かすことは、ちょっとできませんね。なんとかして不安を免れようとしていれば、「こうしたらこうなるぞ」といえるのです。いろいろと不安をかきたてられて、その不安から逃げるために、いろいろな言葉に飛びつくということになっていくわけです。けれども、不安こそが私の生きている力だと、そういうことがそのお婆さんの口から出てくるのです。真宗の教えというのは、そういう言葉を口から出させる教えだったのだということです。ひたすら親鸞聖人の教えを聞いてこられて、そして今は不安こそが私の生きていく力だと、こうおっしゃっている。

これは、いろいろな力を身につけたから自信が持てたということではないのです。これだけ力を身につけて、知識を増やしたから、もう騙されないぞ、もう迷わないぞということではないのです。答えを集めて、答えをたくさん体に蓄えて、蓄えた答えの力を頼みにして自信が持てるということならば、そういう自信というのは、だんだん周りの人と離れていく自信でしょう。周りの人を上から見おろして、そして「俺はもう大丈夫だ、あんたら、なにしとるんだ」と、そういうことにもなってまいりましょう。また、自分が身につけた答えが頼みであるときには、世の中にはすごい人がたくさんいらっしゃいますから、自分の身につけた答えではまにあわないほどの大きな人物がたくさんいらっしゃる。そういう人の前に出たら、いっぺんに自信は崩れてしまいます。

そういう一喜一憂するような、喜んだりぺしゃんこになったりするような自信ならば、それはほんとうの自信ではないのです。そうではなくて、私たちが人間として自分の生活に自信が持てるとしたら、自分の生活にたしかさを感じるということがあるとしますと、それは人間としていちばん根本の、人生にとっていちばん大事な問いを問わせていただいている。その問いを尋ねさせてもらっている自分が立っているところのたしかさでしょう。身につけた力に対するたしかさではなくて、この問いを尋ねていくことが人間を尋ねることですし、人生、人間として生きるということの意味を尋ねていく歩みにつながっているという、そのたしかさだと思うのです。

答えを学ぶのではなく、問いを学ぶ

安田理深《やすだりじん》先生は、学ぶということは「学問する」ということで、けっして「学答する」ことではないということを、いつもおっしゃっておられました。問いを学ぶのです。なにがほんとうの問いなのか。いろいろな問いに振り回されているわけです。あのことも気になる、このことも問題だと、いろいろな問いに振り回されているのです。そのように振り回されている中で、なにがいちばん人間にとって根本の問いなのか、自分の人生というものをほんとうに大事に受け止めていくうえでの、ほんとうに大事な問いとはなにか。その問いを学ぶことが、「学ぶ」ということなのであり、「学問する」ということなのです。ところが、今日の教育というのは、全部「学答」になっているのです。いかにたくさん身に答えを蓄えるかという教育になってしまっているのです。

以前、子どもたちが通っている塾のことがテレビに出ていました。そこで模擬試験をやっているわけです。五十問くらいの問いが紙に書いてあるのです。そして、「よーい、スタート」で、先生がストップウオッチを押すと、子どもたちが一斉に答えを書くわけです。テレビ局のアナウンサーの一人が、その中に混ざって、同じ用紙をもらって、子どもたちと同じ問いを一生懸命やったのだそうです。ところが、半分も書かないうちに時間切れなのです。子どもたちは、短いあいだに答えを書いてしまっている。あれは、どう考えても、問いをしっかりと受け止めていない。パッと見て、パッと答えている。そうしなければ、とてもあの時間であれだけの答えが書けるはずがない。結局、やっていることは、いかに身につけた答えを素早く出していくかです。いかにたくさんの答えを蓄えて、いかに瞬間的にその答えをパッと出していけるか。それを訓練しているのです。そういうことが「学び」になってしまっているのです。

そうすると、そこでは自分で考えるということをしなくなります。これはちょっとおかしいのではないか、こういう考え方もあるのではないか、この問題について はこういう考え方も出てくるのではないかと、そのように自分で考えることをしていれば、半分も書かないうちに時間切れになってしまって、結局よい成績はとれないことになります。このごろ教育問題がいろいろと噴出してきましたから、そういう点での反省が少しずつおこなわれています。けれども、やはり「学ぶ」ということが、「答えを学ぶ」ことになってしまっている。正しい答えをいかにたくさん学ぶか、それが力になっていくのだという「学び」になってしまっているのです。しかしそれは、人間として尋ね、問い、考えていくという、そういう力をどんどん失わせてゆくものでしかないのです。

ですから、今、大学に出させていただいておりますが、できるだけ学生との話し合いといいますか、ふれあいの中で授業を進めたいと思いまして、学生に問いを出すわけです。「どう思う?」と問いを出すと、それなりに「こう思う」というのです。しかし、その答えに対して「それはどういうことなんだ」とか、「こういう考え方もできるが、どうなんだ」ということをどんどん続けていきますと、しまいには「もうええやないか」と、学生が怒りだすのです。問いを繰り返されることに、耐えられなくなってくるのです。そんなことは、やったことがないのです。パパッと答えを出す訓練はしてきたけれども、それを吟味し、吟味し、吟味していくということはしていない。ですから、「こんなことはたまらん、もういいじゃないか」といって、投げだしてしまう。そういうことが非常に多いのです。

愚かな自分を支えてくださる道

つい二年ほど前までは、「荒学年」という言葉が話題になりました。小学校五年生くらいまでは非常にまじめで、先生のいうことをよく聞いて、クラスの世話もして、模範的な子どもが、六年生になると急に荒れはじめる。そして、授業にも身が入らなくなるし、ある一人の子どもは授業中いつも下を向いてなにかしている。なにをしているのかと思って、横へ行ってみたら、紙を小さくちぎって、それを落としている。そこで、「教室にそんなものをまいたらいかんじゃないか」というと、「どこに僕がしたという証拠があるのか」といって、反論するのです。落とすところを見られているのに、開き直るのです。そして、クラスの中の一人、障害のある友だちを目の敵《かたき》にしていじめる。先生が注意して、「君は弱いものの気持ちがわからないのか」といったら、その子どもが下を向いて、ぼそっと「わからん」といったそうなのです。

私は、このことを新聞で読んだのですけれども、それに対してその先生が、新聞記者に語っておられたのです。その子どもが「わからん」と答えたときに、「ああなるほどな」と、妙に納得するものがあったといわれているのです。答えをたくさん身につけて、知的な力がついていけば、おのずと常識というものも身についてくると思っていた。けれども、どうも違うようだったと、あらためてその先生がそのことを通して感じさせられて、頭を抱えておられるということなのです。今は、ともかく偏差値を上げる、知識を増やしていく、それが人間として成長していくことになっている。けれども、そのことによってけっして人間としての常識というものは身についていかない。常識が身についていくということと、頭が良くなっていくということとは別なのだということを、今までは思ってもみなかったと、その先生はいっておられたのです。

ちょっと気になりまして、『広辞苑』で「常識」という項を調べてみましたら、「専門的な知識ではなくて、一般の人が身につけているべき知的な力、知識の力、知力」だと、そういう定義がしてあるのです。常識とは知識の力だという説明には驚きました。知識があることが人間の常識なのかということです。考えてみますと、私たちも、子どもを叱るときに、「こんなこともわからんのか」とか、「これくらいは常識じゃないか」と、こういう言い方をします。ですから、やはりこういう意味で、私たちも生活の中で使っていないわけではありません。けれども、それがはたして、常識のすべてなのだろうかという疑問があります。そして、いろいろ調べてみますと、「常識」という言葉のいちばんもとはなにかというと、「人間ならばみんなが持っているはずの感覚」なのです。人間として感じる力、それこそ弱い人の気持ち、弱い人の悲しみを知る、人の苦しみ、悲しみがわかるということが人間としての常識、感覚なのだということです。

ところが今は、感覚を磨く、感覚を深めていくというような教育がなくなって、ともかくひたすら知識を増やしていく。これは悲しいことですが、中学や高校、その学校の評価は、何人の子どもが上のいい学校に入ったかということで見ます。大学は、何人の学生が一流企業へ就職できているか、それで評価されるわけです。そこでどういう教育がされているかということの評価は、あまりされていません。結局、数字であらわれてくることでしか学校の評価はされないし、個人の評価も、成績のうえでしかはかられない。しかしそれは、人間としてなにか大きな問題をはらんでいます。その結果として、今はどんどん、お互いが感じ合うべき心、感覚というものを失ってしまっていて、それこそ人間関係がバラバラになってきているのです。

つい先日の新聞に、学級崩壊でクラスが成り立たないということに対して、「だって赤の他人が四十人も五十人も一緒にいるんだから、みんなの気持ちが一つになって学級が成り立つなんて、そんな馬鹿なことはない。学級崩壊は当然だ。崩壊していないのは、みんながボーッとしているだけの話だ」という意見が、中学生の意見として出ていました。

そこでは、クラスの人たちのことを赤の他人としか感じられないのです。そういうところでは、どんどん知識は増えていくのかもしれないけれども、人間としてはいびつなものになっていくのではないかと思います。ですから、まず人間の事実を、この私のありのままをあるがままに受け止めてくださる道でないと、先ほどのお婆さんがいわれたように、自分は歩んでいくことができない。そこに、まず私のあるがままを、ある意味で申しますと、私が自分に感じている以上の、もっと深い愚かさとか、弱さとか、醜さとか、そういうものを私に先立って見通してくださっている、そのうえで、なお人々に語りかけてくださっている、そういう道でなければ、やはり私も歩むことはできない。そして真宗とは、じつはそういう道だったのだということを、そのお婆さんをご縁として、あらためて教えられたのです。ですから、真宗門徒の生活に自信を持つということは、けっして人より力がついてきて、りっぱな道に立っているということではなくて、人間としてどこまで堕《お》ちようと、それを支えてくださるたしかな道に出会っているということ、そのたしかさを実感した生活ができるということだと、私は思っています。

「もとの阿弥陀のいのちへ帰せよ」

蓮如上人《れんにょしょうにん》が、生涯ずっと読み続けられて、尊いお聖教《しょうぎょう》だと尊ばれた『安心《あんじん》

決定鈔《けつじょうしょう》』という書物がございます。その中に、

しらざるときのいのちも、阿弥陀《あみだ》の御いのちなりけれども、いとけなきときはしらず、すこしこざかしく自力になりて、「わがいのち」とおもいたらんおり、善知識「もとの阿弥陀のいのちへ帰せよ」とおしうるをきて、帰《き》命無量寿覚《みょうむりょうじゅかく》しつれば、「わがいのちすなわち無量寿なり」と信ずるなり。

（『安心決定鈔』聖典九五九頁）

という言葉があります。「しらざるときのいのちも」というのは、自分ではなにも考えもしなかったし、自覚もしていないということです。そのいのちも、阿弥陀の御いのちなりけれども」と、「阿弥陀の御いのち」といわれています。そして、「いとけなきときはしらず、すこしこざかしく自力になりて」とあります。これは、ちょっと知恵がついてきてということです。

だいたい知恵がついてくるのは、三歳のころです。三歳のころから、いろいろと親のいうとおりにはならないようになります。いちいち、嫌だ嫌だと反抗しま

す。私の孫の中でいちばん小さい孫が、ちょうどその歳で、一生懸命に嫌だ嫌だと朝から晩までいっています。これを、昔は第一反抗期といいました。けれども、反抗期という言い方はよくないといわれるようになって、今では第一自己主張期というのだそうです。反抗期という言い方は、親を中心にして、親のいうことに嫌だ嫌だと反抗をするから反抗期といってきたわけです。ところが、今は子ども中心に考えますから、子どもが自分を主張するようになったという意味で自己主張期と、こういうようになったのです。

　だいたい三歳から、自分の思いを持って生きはじめてくるのです。そのときになって、「すこしこざかしく自力になりて、「わがいのち」とおもいたらんおり」と、自分というものを主張するようになってきて、いのちについても、「わがいのち」と、そう思うようになるといわれるのです。そのときに、「「わがいのち」とおもいたらんおり、善知識「もとの阿弥陀のいのちへ帰せよ」」といわれるように、善知識《ぜんちしき》に呼び返されるのです。私たちは、「わがいのち」と、自分の知識、仏教の言葉でいえば分別《ふんべつ》をもって自分の人生を生きはじめます。それを、「もとの阿弥陀のいのちへ帰せよ」と教えられるところに、善《よ》き人の言葉があるといわれているのです。

では、なぜ「わがいのち」といえないのか。「わがいのち」、つまり私のいのちは私のものだと、なぜいえないのでしょう。私のものというためには、少し理屈っぽくなりますけれども、私が自由にできるということが必要になります。私のお金というときには、私がどう使おうと誰からも文句はいわれないし、もちろん罰も受けないということが必要です。そのように、私の思うように使えるお金を、私のお金というのです。たとえ私の背広のポケットに入れていても、預かったお金ならば、私のところにあるのだけれども、私のものとはいえないわけです。そうしてみますと、私のいのち、私のいのちといっているけれども、このいのちを私は私の思いどおりにできるのだろうかということがあるわけです。

大学の同僚の先生で、私よりひとまわりも若い方ですが、食道癌になられたのです。いちおう手術を受けまして、いろいろと治療されたのですが、腰骨に転移したらしいのです。前から、もう危ない、あまり見込みがないということは聞かされていたのです。けれども、もう手術も終わり、コバルトもあてて、できることは全部やった。これ以上はどうしようもないので家に帰りなさいといわれて、帰されていたのです。ところが、検査の結果、癌の転移ということがわかった。「来年の正月は迎えられますか」と聞いたら、「ちょっと無理だろうな」といわれたそうです。

一時退院をしておられたときに、その人のお寺へお見舞いに行きましたら、「ほんとうに自分の体ひとつ、どうにもなりませんね」といって、「今までは傲慢でした」と、その人がポツンといっておられました。自分の体ひとつ思いどおりにならない。しかし今まで、元気なあいだは、思いどおりになるものとして生きてきた。だから周りの人がグダグダしていると、「なにをしているのだ」と、腹を立てたり、軽蔑したりしていた。けれども、こうなってみてはじめて、自分の体でありながら、自分の体ひとつが思いどおりにならない。今までは、自分の体は思いどおりになるのがあたりまえだと思って生きてきた。その生き方は、ほんとうに傲慢でしたと、そういうことをいっておられました。

傲慢な生き方に気づかされる

そのときに、その言葉を聞きながら思いあわせていたのは、宮沢賢治《みやざわけんじ》という方のことでした。宮沢賢治は、三十六歳で亡くなっています。その若さで、あれだけの大きな仕事をなさった方です。宮沢賢治の家は、代々熱心な念仏者で、真宗のお家なのです。けれども、宮沢賢治は非常に性格の激しい方でして、理想を求めて突き進んでいく、そういう姿勢がございました。そういうことと関係があるかと思いますが、『法華経《ほけきょう》』に深く帰依《きえ》して、法華の行者《ぎょうじゃ》として『法華経』を実践していくということに非常に情熱をかたむけられた方です。

宮沢賢治が亡くなる十日前に、お弟子すじにあたる若い人に手紙を書いておられて、その手紙の中に、こういうことを書いておられます。「私の人生は失敗でした。何時間も大きな声で話ができ、風の中を自由に歩け、兄弟のために一円でも力になってあげることができる。そういうことは、できないものから見たら、まるで奇跡のようなものです。それをできるのがあたりまえのこと、あたりまえのこととして生きてきた私の人生は、失敗でした。そういうことをあたりまえのこととして生きているかぎり、人生のほんとうの真実というものは、けっして見えません」と、そういう意味のことを、最後の手紙の中に書いておられます。

私たちがあたりまえだと思っていることが、じつは大変に有難いことなのです。体が自由に動かせるということが、どんなに有難いことか。動くことをあたりまえと思って生きてきた、それはほんとうに人間として傲慢な生き方だったと、私の友だちは「傲慢」という言い方でいってくれました。しかし考えてみますと、私たちは、ほんとうに自分でできることを、あたりまえのこととして生活をしているわけです。そして、病気になったり事故にあったりすると、そこではじめてそのことに気がつくのです。

私は以前、右足を骨折したことがあります。骨折すると、サッササッサと歩いている人を見ると、奇跡のように思います。あたりまえのようにしていたことが、一度できなくなってみたら、こんなに不自由なことなのかと気がつくのです。怪我などしなくても、年をとってくると、あちこちが痛くなってきます。私も、こうして座っていて立ちあがるときには、手をつかないと立ちあがれなくなっています。

和《わ》田《だ》稠《しげし》先生は、今八十三歳です。私はまだ六十八歳なのです。ですから、和田先生のほうがずっと年上です。このごろでは、大地の会のとき、年に一回しかお会いできないのですが、三年ほど前にお会いしましたら、私の顔を見て、いきなり「宮城さん、おもしろいね」とおっしゃるのです。「なにかおもしろいことがありましたか」と聞くと、「うーん、足が曲がらなくなってね」と、こうおっしゃるのです。それから「耳が遠くなってね」と、こうおっしゃる。それで、「そんなことがおもしろいのですか」といったら、「うーん、はじめての経験だからね。足が曲がらなくなるのはこういうことなのか、耳が遠くなったらこういう思いをするのかと、おもしろいね、毎日新しい体験させてもろとる」と、そういう受け止めをなさっているのです。そのような受け止めができる方ですから、あれだけお若いのでしょう。私たちが「疲れた」といっても、和田先生は「疲れた」ということを少しもおっしゃらないのです。それでいつも困ってしまうのです。その意味では、はた迷惑な先生です。こちらが「もう年だ、年だ」といっても、「和田先生を見てみろ」といわれたら、もう通用しません。ですから、はなはだ困るのです。

ともかく、そのように年をとってきたということで、今まであたりまえにしていたことが、あたりまえでなかったということを思い知らされます。そこで、そうなってみてはじめて、いかに若くて元気だったときに、自分のいのちを軽々しく、粗末にして生きてきたかということに気づくのです。今までの自分は傲慢でしたと、なかなかそこまでは思えませんけれども、やはり私の友だちは、文字どおり死を前にして、振り返ってみて、そういう傲慢という言葉を思われたのでしょう。

他力の生活、自力の生活

真宗は、他力の生活が説かれる教えでございます。これは、私たち衣を着ているものの責任ですけれども、他力という言葉が泥にまみれてしまっています。「他力本願」という言葉は、自分ではなにも努力せずに、人の力、偶然の力をあてにして生きているということのように思われています。まあいうならば、ナマケモノの生活を意味するように使われていて、他力本願では駄目だ、やはり自力を尽くさなければというような言い方に使われています。

けれども、他力ということは、けっしてそういうことではございません。じつは今申しますように、私になにかができるということがあたりまえでないという、自分でなにか努力ができるということがどんなに有難いことか、どんなに深いおかげかということに気づく。いくら努力しようと思っても、その友だちはもう努力ができないのです。その友だちは、ずっと一つのテーマを考えてきてくれた方ですから、君の今までの考えを文章にまとめて残してくれないかといっていたのですけれども、新聞を読んでも「天声人語」のような短い文章を読むのが精一杯だ、目がくらくらしてきて、体が沈み込んでいくような感じがして、とても読んでなどいられないのだという話でした。そうなると、どれだけ努力してと思っても、できはしません。

私が手を折ったときに、薄いせんべい布団で寝ていたのですが、折れた手がパタンと畳の上にちょっとしたはずみで出たのです。それを、もとに戻そうと思ったのですが、手が動きません。もう一方の手で、よっこらしょと持ち上げないと戻らないのです。そのときに、なんと憐れなことかと思いました。そういうように、今までできたことが、できなくなってみてはじめて、できるということが、どんなに有難いことか、どんな深いおかげかということが実感できるのです。じつは、他力というのは、その努力できることの有難さ、おかげを喜ぶところからはじまる生活なのです。自分がどれだけ努力したとしても、それは努力できるという縁を与えられていたおかげなのです。努力をしようと思って、歯をくいしばってみても、できなくなればできないのです。

そのように、自分になにかができることの有難さ、その有難さを深く感じるところからはじまる生活が、他力の生活でございます。そして、できることの有難さをほんとうに思うときには、自分に少しでもできることがあれば、それはせずにおれないことになります。努力できることの有難さ、そのことが深く身にしみればしみるほど、今自分になにかができるということがあるときには、それがどういう人々の評判を呼ぶか、どういう批判を受けるか、自分がしたことがいかによい結果をもたらすかどうか、そんなことはもう問題外になって、自分にできることをせずにはおれなくなるのです。そういう生活が、じつは他力の生活でございます。

それに対して、自力の生活というのは、自分の努力を我が力として誇る、頼みにする生活です。自分の力を頼みにし、自分がした努力は自分の力だと自負する生活でございます。ただこれは、逆に結果とか評判とかというものが、いつも気になるのです。私がこれだけ努力してあげているのに、ということがございます。

この身にいただいている深くて大きないのち

親鸞聖人は、一貫して、自分には清浄《しょうじょう》の心がない、清浄心なしといわれています。清浄心がないということは、どういうことでしょうか。親鸞聖人が汚い根性で生きられたのかというと、そうではないでしょう。それでは、どんなことを清浄心がないと受け止められたのかというと、結局私たちは、一切が無駄だとわかっても、なおせずにはいられないと、そういう心にならないということなのです。いつも結果を気にし、評判を気にする。一切が徒労に終わる、どれだけ努力しても無駄だとわかったら、続けられなくなるのです。清浄心なしということを、親鸞聖人が深く尊敬し、その教えを受けられた曇鸞大師《どんらんだいし》は、作心《さしん》という言葉でおっしゃっておられます。自分がしたのだ、自分がしているのだという、その作心があるならば、その心はいまだ清浄の心をさとっていないといわれています。それを、未証浄心《みしょうじょうしん》と、曇鸞大師はいっておられます。この作心を離れるということが、私たちにはできないのです。

それこそ、元気に仕事をしているときは、なにもそんな気持ちは持っていなかったつもりでも、年をとってきますと、これからなにか大仕事をしてというようなことは、とても望めません。そうなってきますと、結局今まで自分がしてきたことを、一生懸命握りしめるようになるのです。「あれをしたのは俺だぞ」とか、

「俺はこれだけのことをしてきたんだぞ」とか、自分のしたことに執着するようになる。そしてそれは、やはり、みんなから認めてもらって、はじめて納得する心です。私たちが、こういうこともしたぞ、ああいうこともしたぞといっても、若い人は「フン」というようなものですね。そうすると、ほんとうに絶望感に落ち込むということになるのでしょう。その意味では、私たちはなかなか作心のない人間にはなれない。自力であるかぎり、必ずしたことを我が力として、自分の功績として握りしめていく。そうなると、どれだけ努力しても結果が出ないとか、どれだけ努力しても認められないとかということになると、「バカらしい、もうやめた」ということにもなるわけです。ですから、他力の生活というのは、自分でなにもせずに怠けている生活ではない。逆に、どういう評価を受けようと、どういう結果になろうと、自分にできることがあるかぎり、せずにはおれない生活なのだということが、じつは他力ということの意味でございます。

ですから、仏様の歩みというものを「遊び」という言葉であらわします。仏様が教えを説きながら歩まれる、それを「遊行《ゆぎょう》」と申します。仏様は遊び半分でなさっていたのかというと、けっしてそうではございません。その「遊び」とはなにかというと、作心がないということをいわれているのです。いろいろな芸事といいますか、お茶とか踊りとか、いろいろなさっている方もおられると思いますが、日本では、それぞれの道において、その道を極めていることを、「遊びの境地」といいます。あの方は、もう遊びの境地に入っておられるという言い方を、日本人はしてきました。踊りなどでも、習いはじめは、ここで手を上げて、ここで足を引いてとか、一生懸命意識して踊っています。踊っている自分と、していることがちぐはぐになって、ギクシャクしたりもするわけです。しかし、ほんとうに道を極めた人は、そんなことはまったく念頭にないのでしょう。自然に体が動くようになっていく。そういう境地を「遊びの境地」といわれます。

つまり「遊び」とは、その人の存在、その人とその人のしていることが、ピタッと一つになる。一つになってしまっているのを、「遊びの境地」というのです。

そこでは、もう人の評判を気にしたり、結果を気にしたりということはないのです。それこそ、していることと、している人が一つになっている。その意味では、私たちは、なかなか遊べないのです。気晴らしをしたり、娯楽をしたりということはありますけれども、ほんとうに遊べるかというと、なかなか遊べない。パチンコでも、このごろは大変らしいのです。一万円とか二万円とかは、すぐに使ってしまうそうです。使ってしまって、ああ楽しかったといえるのなら、遊びの境地かもしれませんが、だいたいは「こん畜生」ということになるでしょう。次はなんとか取り返そうと思う。これでは遊んでいないのです。遊びの境地というのは、結果に左右されない。ほんとうに自分の中にせずにはいられないものがあってする、そして、することに喜びがある。できるということが喜びになり、そこに深い恩徳《おんどく》を感じ、生きている喜びを深く感じていける。そういう生活を、他力という言葉でいわれるわけでございます。

私たちは、したことを一生懸命かき集めて、我がものと握りしめるのです。けれども、けっしてそこには、ほんとうに心豊かな生活というものは開かれてこないのです。そして、いつも人と競争しなければならないということにもなっていくかと思います。私たちになにかができる、そのことの有難さ、喜びを実感することが、他力の生活なのです。そのことは、もう一ついえば、私がこうして生きていること、私にいのちが恵まれてあること、そのこと自体が深い喜びであり、深い恩徳を感じることでもあります。そこには、私の身に受けているいのちですけれども、それは私のものとはいえない。私のものというよりも、もっと深く大きないのちをこの身にいただいている。けっして私の自由になるような、そんなちっぽけないのちではないということが、そこにあらためて教えられるわけでございます。いのちというものは、けっして一人ひとり別のいのちを生きているわけではないということです。

以前あるところで、講義が終わって休んでいるときに、一人の方がみえまして、「あなたはお寺の何代目の住職だ」と聞かれたのです。私は十八代目だと答えましたが、「人間十八代で何人の親を持っていると思うか」と、こう聞かれたのです。そんなこと考えたこともありませんでしたから、「さあ」といっていました。するとと、十八代目で親は十三万一千七十二人なのだそうです。両親に、それぞれまた両親、そのお爺さんお婆さんにそれぞれの両親と、どんどん十七代さかのぼっていきますと、十三万一千七十二人になるのだそうです。そういわれまして、「へえ」と驚きました。

今、遺伝子ということが、話題になっています。その遺伝子に、どれだけのいのちの歴史が刻まれているのかというと、なんと三十六億年だそうです。専門家の書いておられるものを見ると、三十六億年という方と、三十五億年という方がおられますけれども、まあ、あまり違いはありません。ともかく、それだけの歴史が刻まれているのだそうです。そして、遺伝子が変わっていっても、すべての歴史が刻まれているのです。頭の大きさが私たちと同じくらいになったのは、八万年前です。そのころから、だいたい同じような生活をするようになり、亡くなった人を埋める、埋葬するというのも、八万年前からはじめられていたようです。けれども、遺伝子そのものは三十六億年の歴史を刻んでいるということなのです。そういうことをいわれますと、いのちの不思議ということを余計に感じます。

たしかに三十六億年の歴史といわれても見当がつきませんけれども、しかしただ一つ、生活の中でそういうことかなと思うのは、私自身は経験したことがないことでも、人が出会っておられる不幸とか、悲しみ、苦しみ、そういうものを見たときに、他人事でないという感じを持つということです。他人事でないと感じるのは、経験の中から出てきたのではないですね。自分はそういう体験をせずに生きてこられたのですけれども、しかしやはり身近な人が悲しみの中にいるときに、それを他人事とは思えないということがあります。やはりなにか頷きあうものを持っている。ということは、私のいのちは、ただオギャーと生まれてから今日までの、私のしてきたことだけでできているのではないということです。そうではなくて、ある意味では、人間として体験すべきことのすべてが、まあ最近の言葉でいうと、インプットというのですか、体にきちんと刻み込まれているのです。そういうことがあればこそ、自分が実際には出会っていなくても、その出会った人の言葉に頷けるのです。

そうしてみますと、いのちはバラバラではない。互いに呼びかけあい、頷きあう。そういう力を持っている。そういう深くて広いいのちを、この身にいただいているのです。そのところに、いのちはけっして私の思いで満たされるような、そんな小さないのちではないということを、あらためて教えられるわけでございます。そういうところに、いのちの深さ、広さを、あらためて教えられるわけでございまして、じつは念仏の世界とは、そういういのちの頷きあい、呼びかけあいの世界といってもいいかと思うのです。

出版案内【真宗関係好評図書】

価格はすべて税別です。

新刊【2018年12月末日現在】

改訂新版

大谷派本願寺　伝統行事　裏話と風物詩

川島眞量著、川嶋　正編　真宗大谷派の本山（東本願寺）伝承の年中行事や勤行、風物詩について、本山堂衆を五十余年に亘り勤めた著者が詳しく紹介した貴重な資料を復刊。

二、二〇〇円

親鸞の成仏道　「証」の二重性と「真実証」

小川一乗著　釈尊の覚りと、親鸞の真実証はどのような関係にあるのか。仏教思想に対する広い視野と深い洞察を持つ著者にしかなしえない、覚りの本質を具体的に明らかにする本格的な論考。

五、二〇〇円

新 住岡夜晃選集　全5巻

住岡夜晃著　明治～昭和を生きた真宗光明団の創始者、住岡夜晃。真宗光明団創立から死去するまでの三十一年間の珠玉の文章を収録した決定版。

一四、〇〇〇円

TRÊS《トレス》 JOIAS《ジョイアス》

—多文化社会で輝く仏教—

［監督］菅尾健太郎

ブラジル移民110年。胎動する仏教！

［ブックレット］	（A4判 34頁）	1,000円
［ブルーレイ］	（180分 2層式）	5,000円
［DVD］	（60分×3枚組）	4,000円

法藏館

仏教の風 400年

門徒ことば 語り継がれる真宗民語

三島清円

2刷

「いなだく」って聞いたことありますか？　「お手廻し」「縁借」など日本各地に伝わる、独特な意味をもつ真宗門徒の言葉を紹介。

一、二〇〇円

カンタン英語で浄土真宗入門

大來尚順

2刷

難しい仏教用語も英語だとスッとわかる。「ぶっちゃけ寺」出演、もとハーバード大学研究員のお坊さんによる、新感覚仏教入門。

一、二〇〇円

真宗大谷派のゆくえ ラディカルに問う儀式・差別・靖国

戸次公正

課題とされてきた権威主義や差別性が克服されたのかを厳しく問い、さらなる改革の道筋を明らかにする問題作。

二、八〇〇円

ボランティアは親鸞の教えに反するのか 他力理解の相克

木越　康

ボランティアは自力なのか？　囁かれ続けてきた疑問に応える、親鸞思想と支援活動との整合性の問題に踏み込んだ一冊！

一、六〇〇円

お坊さんでスクールカウンセラー

坂井祐円

緊急支援、喪の作業、不登校。小中高のカウンセリングの現場で相談者の苦に寄り添い、死者と出会っていく7つの物語。

一、八〇〇円

親鸞聖人の生涯

梯　實圓

最新の研究成果を取り入れながら、聖人の波乱の生涯と不屈の信念をわかりやすく説く。10年にわたる連載をまとめた決定版。

一、八〇〇円

真宗門徒はどこへ行くのか 崩壊する伝承と葬儀

蒲池勢至

2刷

真宗門徒はどのように生き死んでいったのか。社会の変化にともない変容し崩壊する門徒の信仰生活を見据え、再生への道を探る。

一、八〇〇円

中陰のための法話①②

松井惠光

① 10刷
② 9刷

還骨から百カ日まで、日を追うごとに変化する心に併せて語る法話集。

各六〇〇円

仏事のあれこれ

葬式のはなし		菅 純和	一、〇〇〇円
数珠のはなし	10刷	谷口幸璽	九七二円
墓のはなし	6刷	福原堂礎	九五二円
仏壇のはなし	4刷	谷口幸璽	九五二円
袈裟のはなし	7刷	久馬慧忠	一、二〇〇円
お盆のはなし	2刷	蒲池勢至	一、二〇〇円

絵はがき

法語絵はがき おかげさま 2刷

吉田ゆずる絵／ことば
350円（12枚入・ケース付）

心あたたまる言葉と絵がたくさん！行列ができるほど人気となった佛光寺の絵入り「法語印」の生みの親による、12枚入り絵はがきセット。

待望のCD化！

CD版 全3集 曽我量深説教集

真宗教学の道場、高倉会館の昭和35年から亡くなる前年45年までの講話を収める。

各巻10,000円［分売

CD版 大谷派三帖和讃 2刷

読唱 井沢暢宏　12,000円

寺院、門徒共用。

三淘、繰り読みによる全325首収めたCD。独習に最適。

〔CD6枚組・解説書付〕

おすすめの法話本

各1,000円

- やわらか子ども法話　桜井俊彦
- うつにならないための法話　和田真雄
- 引きこもりを克服するための法話　和田真雄
- 他力信心を実感するための法話　和田真雄
- 愛し愛されて生きるための法話　川村妙慶
- 念仏の音が聞こえるとき　2刷　大窪康充
- 仏教からみた念仏成仏の教え　小川一乗

伝道シリーズ

各190円

No.	書名	刷	著者
1	仏道としての念仏	7刷	小川一乗
3	いのちの満足	7刷	田代俊孝
4	親鸞さまの求道	6刷	信楽峻麿
5	歎異抄はどんな本か	2刷	中西智海
7	悲しみをこえる人生	12刷	浅井成海
8	浄土真宗の救い	6刷	中村 薫
10	清沢満之に学ぶ生と死		田代俊孝

※2、6、9は品切

妙好人の本

妙好人 千代尼	2刷	西山郷史	一、二〇〇円
妙好人めぐりの旅		伊藤智誠	一、八〇〇円
妙好人の詩(うた)		菊藤明道	一、六〇〇円
妙好人	21刷	鈴木大拙	二、五〇〇円
妙好人のことば	5刷	梯 實圓	一、五〇〇円
新妙好人伝 近江・美濃篇		高木実衛編	一、六五〇円

親鸞の往生思想

内藤知康

親鸞が説く「往生」は、現生か死後か。往生思想の本質を考察するとともに、親鸞の著作を汎く綿密に検討して、往生論争に終止符を打とうとする注目の一冊。

七、〇〇〇円

明治前期の大谷派教団

龍谷叢書44

中西直樹編著

明治初期の大谷派宗政の全体像を概観する史料の翻刻と解説を収録。明治中期以降に関心が集中する大谷派教団史研究に一石を投じる一冊。

二、八〇〇円

浄土真宗本願寺派 宗法改定論ノート

池田行信

民主制と門主制は両立しうるのか⁉ 西本願寺が日本初の議会制度を導入し一四〇年。いま巻き起こっている宗法改定議論の要点をまとめた書。

二、八〇〇円

願心荘厳

安田理深

親鸞思想の核心を釈尊・天親の根本精神をおさえながら明らかにし、時代を越えて求道者の問いに応答しうる、安田理深ならではの講話。

二、二〇〇円

教行信証の宗教構造

真宗教義学体系

梯　實圓

5刷

すべての人間が救われる他力の宗教構造を、親鸞は教行信証で明らかにした。従来の常識を覆した独自の宗教構造の意味を、わかりやすく解説する真宗教義学の入門書。

七、二〇〇円

新装版で読む名著

新装版 正信偈の講話

暁烏　敏

真宗の肝要が凝縮された「正信偈」について、一句一句を取り上げ易しく解説。お寺で一般の人々に説いた、四十二回にわたる講話を収録。

二、四〇〇円

新装版 観経のこころ

歎異抄の背景にある

正親含英

浄土真宗の聖教である『歎異抄』の背景に流れる『観無量寿経』のこころを易しく伝える名講話が新装版にて復刊！

一、五〇〇円

II

父と母を縁としていただいた、いのち

今、いろいろと発表をされました中で、「他力ということになると親は他人になる」というお言葉を聞かせていただきまして、これもなるほどそういうことが思われてくるのだなあということを思いました。

私たちが、この世に生をいただくということにつきまして、親鸞聖人が教えを深く受けられた善導大師《ぜんどうだいし》という方が、こういうことをいっておられます。

もし父なくんば、能生《のうしょう》の因すなわち闕《か》けなん。もし母なくんば、所生《しょしょう》の縁すなわち乖《そむ》きなん。もし二人ともになくんば、すなわち託生《たくしょう》の地を失わん。

かならずすべからく父母《ぶも》の縁具してまさに受身の処あるべし。すでに身を受けんと欲するに、自《じ》の業識《ごっしき》をもって内因となし、父母の精血《しょうけつ》をもって外縁《げえん》となす。

（「序分義」真聖全一、四八九～四九〇頁）

父は、私の生まれてくる積極的な「能生之因」であり、母はその生を受け止めて、十月十日を通して育んでくださる「所生之縁」であるといわれます。そして父と母は、いずれにしても私のいのちにとって「外縁」だと、こうおっしゃっているのです。そして「自の業識」が「内因」だといわれます。この因縁によって私が生まれてきたと、こういう言い方がされているのです。「因」というのは、簡単にいうと可能性です。因がないということは、可能性がないということです。そしてその可能性が、一つの具体的なかたちをとってくる。「縁」というのは、それが具体的になる条件です。そして、その「因」と「縁」が一つになって事実が成り立ってくる。因、縁、果ですね。

たとえば、柿の種です。柿の種は、柿の実になる可能性を持っているわけです。

そして、柿の種が柿の実になるというのは、必然的な関係です。柿の種からバナナができるということはありません。やはり、柿の種は柿の実になる。どういうことになろうと、それは必然の関係です。しかし、種が実になるためには、大地に根をおろして、大地や風や光、太陽の恵みを受けなければ、実がなるまでに育っていきません。この縁は、まったく偶然なのです。柿の種にとっては、自分が選んで、あそこが良さそうだから、あそこに根をおろそうなどとは思えないわけです。鳥が柿の種をついばんでいって、種をどこへ落とすか、これは柿の種にとってはまったくの偶然です。しかも、落ちたところが痩せた大地であれば、ひょろひょろとした柿の木にしかなれません。逆に豊かな土地ならば、りっぱな木になれる。これは文字どおり、偶然の条件によるものです。

因、縁、果というのは、そういう意味を持っているわけです。私たちの場合も、私が私になるということは必然なのですけれども、どういう生活を私の人生として生きていくのか、これは偶然ですね。あの人なら父親にふさわしい、ああいう家庭なら理想的だと、自分が選んで生まれたわけではありませんから、気がついたら「私がママよ」と、知らない顔が目の前に迫ってきたということなのです。私などは、小さいときには「坊主丸儲け」などといわれて、小学校でいじめられました。それで、どうして寺に生まれたのだろうと、悩んだことがありました。これもまったく偶然でございます。

いつも思い出すのですが、芥川龍之介という作家がおられて、この方は、河童が非常に好きなのですかね。絵にも描いています。河童についての小説をだいぶ残しておられます。その小説の中で、河童のお産の風景が出てくるのです。河童の国では、月満ちていよいよ出産ということになりますと、お産婆さんがやって来るのですね。そして、ラッパのような聴診器の長いのを、お母さん河童のお腹にあてて、呼びかけるのです。あなたがこれから生まれてくる世界は、こういう世界だ。それから、あなたの父親は酒飲みで、酒を飲むとこういうふうになる人だ。そして、お母さんはこういう人だと、全部報告するのです。そして「どうだ、それでも生まれたいか」と聞くわけですね。すると小説の中では、父親がそんな酒乱というだけでごめんだ、生まれたくないと返事をすると、注射を打つのです。すると、お腹の子どもが消えてしまう。こういう描写があります。

芥川龍之介には、もし自分に聞いてくれていたら生まれてこなかったのにという思いがあったのだと思います。「生まれざりせば」という言葉があります。生まれさえしなければ、こんな思いをせずにすんだのにという思いがあったのでしょうかね。芥川龍之介の場合、いろいろ家系のうえでの問題もありましたので、余計にそういう思いを強く持っていたのでしょう。これはもう、私たちはみんな、ちゃんと状況を把握して生まれたという人は、一人もいないはずです。生まれて気がついてみたら、喜んでいる人もいるし、これはと思っている人もいるでしょう。それは、まったく偶然でございます。自分では選べない。しかもその偶然が、自分の具体的なあり方を決めてしまうのです。私の場合、生まれてみたら偶然に日本人であったし、時代は戦争の真っ只中だったということです。

終戦直後、食べ物がなかったころは、今でも覚えていますが、一日のうちでいちばん空腹を感じたのは、ご飯を食べた直後でした。私は京都市内でしたから、ほんとうにひどい状況でございまして、食事といっても、ほんの少ししかなかったのですね。それでも、食事の前は、カチャッと茶碗の音がしただけでもビクッとするのです。それで、もうすぐ食べられると、とにかくその期待感で空腹を忘れているのです。ところが、食べ終わった後、食べ終わったといっても、お腹がいっぱいになったわけではないのです。物たりないわけです。しかも、次の食事の時間までは、もうなに一つあたらないわけです。間食などというのは、とんでもない話です。これで次まではなにも食べられないのかと思うと、箸を置くときに空腹感を感じてしまうのです。このことは、いまだに忘れられません。そういう時代に育ったということも、偶然ですね。自分で選んでそうしたわけではない。しかし、そのことが私の人生を決めているわけですし、私の人生の具体的な姿は、そのほかにはないわけです。どんなに隣の家を羨んでみても、けっして隣の家の子にはなれない。そういう偶然というものは、私の選びを超えているのです。けれども、それが私の具体的なあり方を決めてゆく。こういうものが「縁」でございます。

自の業識を内因として生を得る

善導大師は、両親は自分にとって「縁」だといわれます。両親を縁として、自分はこの世に生まれてきたのだといわれます。普通は、両親を因として、両親から生まれてきたのだと思うわけです。けれども善導大師は、そうはいわれていない、両親は縁だといっておられるのです。それならば、なにが因かというと、「自の業識」であるといわれるのです。これは簡単にいいますと、自分自身の生まれたい、生きたいという、いのちの営みです。そういう生まれよう、生きようとする意欲が、この世に生まれてくる因なのだといわれるのです。生まれてくるときに、生まれようと頑張った覚えはないのですが、やはり生まれ出てくるというところには、生まれようとしてきたいのちの営みがある。鳥が生まれてくるときには、啐啄《そったく》といって、外から母親が卵をつつくのと、中から雛が殻を破って出ようとする行為が一つになって生まれてくるといわれています。こういうことを重ねて考えてもらってもよいのではないかと思います。やはり自分は、この世に生まれたくて生まれてきたのだということです。

これは、科学的に証明できることではありません。けれども、もしこういうことがいえないとしたら、私たちは、ただ両親から「生み落とされた」ということになるのでしょう。よく子どもたちが、腹立ち紛れに「生んでくれと頼んだ覚えはない、勝手に生んだんじゃないか」と、こういう言い方をしますね。親としては、いちばん辛い言葉です。そういう言葉は、自分のことを「生み落とされたもの」としてしか受け止めていません。私たちは、ただたんに「生み落とされたもの」として生きるのでしょうか。それとも、この世に生まれ出ようとして、生まれ出てきたのでしょうか。どちらの人生を生きるのか、ということですね。

私たちは、気がついたらこの世にこういうものとして生まれていた、その自分の事実を、どう受け止めるのかということです。それを、親のせいだ、頼んだ覚えはないと、そういうかたちで生きていくのか。それとも、これよりほかに自分のいのちの具体的な姿はない、この人生は、私が自分で生きようとして生まれてきたのだと、人生を自分の責任のところで受け止めて生きていくのか。仏教の説明というのは、けっして事柄の科学的な説明をしているわけではありません。まず今こうして生きている、それが大前提です。こうして生きているのは、ただ生み落とされて生きていると受け止めるのか。そうではなくて、やはり私の中に生きたいという願いがあるのだと、そういう願いを持ってこの世に生を得たものとして生きていくのか。あなたはどちらの人生を選ぶのかという問題でしょう。そういうことを善導大師は、父母を外縁《げえん》とし、自《じ》の業識《ごっしき》を内因として生を得ているのだという言い方をされているのでしょう。

外なる縁だから、私と遠い存在なのだということではございません。そうではなくて、「縁」というのは、具体的にこの私のいのちをあらしめてくださっている条件です。そのことなくして、今の私はない。それはどこまでいっても、私が親元を離れてどれだけ成長したとしても、やはり「縁」がなければ私はないわけです。そこに、どこまでも、親のおかげということがあるのです。しかしそれは、どこまでも、この私の人生を与えてくださった、縁を与えてくださったというご恩です。その縁をどう生きるかというと、それは一人ひとり自分の人生に責任があるのだということを、この言葉は教えてくださっていると思います。そして、その自分の人生を、自分の責任として生きていく中で、全部自分の力だと、そのようにして自分の力を誇る生き方をするのか。そうではなくて、自分でもなにかができるということに大きな喜び、おかげを感じながら、常にご恩をかみしめて生きていくのか、そういうことが問われてくる。そこに他力という問題があるわけです。

ある意味で、親は他人だということは、外縁という意味からいえば、同じことでしょう。『無量寿経《むりょうじゅきょう》』に、こういう言葉があります。

身《み》、自《みずか》らこれを当《う》くるに、有《たれ》も代《か》わる者なし。（聖典六〇頁）

私たち一人ひとりが、誰にも代わってもらえない人生を生きているのです。どれだけ愛しあっているといいましても、私の代わりに死んでもらうわけにはいかないし、私の代わりに生きてくださるわけもない。私の人生の事実は、私のこの身で受けていくほかないのです。「これを」の「これ」というのは、私の人生の具体的な事柄です。ですから、私のいのちの事実、人生の事実、それは誰にも代わってもらうことができない。たとえ親であっても、夫婦といえども、代わってもらうわけにはいかない。「有も代わる者なし」なのです。

『無量寿経』には、「独《ひと》り生じ独り死し独り去り独り来《きた》りて」（聖典六〇頁）という言葉があって、それに続けて「身、自らこれを当くるに、有も代わる者なし」とあるのです。生まれてくるのも一人、死んでいくのも一人、進むのも、来るのも、つまり人生の営みのすべて、一人ひとりがそれぞれ人生の事実を我が身で生きていくほかない。そういうことがここにございます。一人、我が身の事実を生きていくうえで、自力と他力という言葉が教えられてくるわけです。そのことを、お受け取りいただければ有難く思います。

自分のあり方を教えられて生きる道

他力ということについて、発表の中で、「そのとおりだと思うけれども、なかなかそのような生き方ができない」ともおっしゃっている方がおられるそうですが、ほんとうに、他力という生き方を純粋に送るということは、私たちにはなかなかできないことです。ただ、「できる」あるいは「できない」ということをあたりまえのこととするのか、悲しいこととして感じるのかですね。気がついてみれば、やはり自分の努力を人に誇っているし、自分の能力を人に主張しています。

自分の毎日の生活を振り返りますと、その繰り返しです。ただそのことを、当然のこと、あたりまえのこととして生きていくのか、そのことに深い悲しみを感じながら生きていくのか。そこに、絶えず自分のあり方を教えられるということです。今の若い人などはとくに、自分の感覚しか信用しません。自分の感覚のところで、こうと思うことを主張もし、そういう生き方をなによりの生き方としてたてていくわけです。

『京都新聞』のコラム欄に、「循環彷徨《じゅんかんほうこう》」という言葉を使って、身近な記事が出ていました。循環彷徨というのは、私たちは自分の感覚だけで歩いていく、まっすぐに北へ歩んでいこうと自分で方向を決めて、そしていつも自分の感覚で、こちらが北だ、自分は北を向いて歩いていると思っていても、人間というのは二百メートル歩くあいだに五メートルずれるのだそうです。それもだいたい、ききの方向にずれていくというのです。右ききの人は、右へ右へとそれていくそうですし、左ききの人は、左へ左へとそれていくそうです。二百メートルで五メートルずつずれるのですから、二キロ、二十キロと歩いていきますと、グルッと回ってしまうわけです。そして、もとのところへ帰ってしまうのです。砂漠とか、雪野原とか、なんの目印もないところで、ただ自分の感覚だけで歩いていくと、必ずグルグル回ってしまうことになる。そして、もとのところで死んでしまう。そういう現象を循環彷徨というのだそうです。グルグル回りというかたちで、さまよっていくということです。「敦煌《とんこう》」という映画にも出ていました。若い兵士が、お姫様と逃げ出すのですけれども、一生懸命砂漠を走って逃げ出すのですけれども、気がついたらもとのところへ帰っていたというシーンがありました。

結局そのことは、目印のない荒野、そういうところを歩くときだけではない。私たちがこの人生を歩んでいくときに、自分の感覚だけを頼りとして生きていきますと、自分では気のつかないずれを、いつのまにか重ねてしまうのです。そして気がついたら、とんでもないところにきてしまっているということが免れない。ところが、荒野の中に一本でも動かない木があれば、その木を目印にして、右へ逸れた、左へ外れていると、その木というものを目印として自分の今のあり方が知らされてくる。そういうことがございます。木を見て、常に自分の位置を、あるいは自分の歩き方を正されていく。ある意味で、教えというのは、そういう目印という意味を一つ持つのでしょう。教えを聞くことにおいて、自分のあり方がどうなっているのかがわかるのです。自分があたりまえと思っていることが、教えの前に座るときに、もう一度問い返されるのです。そういうことが非常に大事なわけです。ですから、自分の力で、他力はそういう意味なのか、ではそういう生き方をしようというわけにはいかない。ただ大事なことは、そういう他力の生活、それが人間として与えられたいのちを最後の最後まで尽くして生きていける生き方だと教えられると共に、自分のあり方を常に正されるというところに、教えということの意味があるかと思います。

お経をいただく意味

どの宗派にしても、そこに拠りどころとするお経をいただくわけです。真宗では『無量寿経』『観無量寿経』『阿弥陀経』を、浄土三部の経典と呼んでいます。天台宗には、天台宗の法華の三部経がございます。それぞれ宗派によって、お経に違いはありますけれども、いずれにしてもお経をいただくということがございます。では、そのお経とはなにかというと、もちろん仏陀《ぶっだ》の教えを聞いた人が伝えてくださった言葉です。けれども、生活の中にお経をいただくということは、どういうことなのか。このお経という字の最初の形は、という字で、は、糸の形です。そしては機織《はたおり》のたて糸の形です。善導大師は、

経と言うは経なり。経よく緯を持《たも》ちて匹丈《ひつじょう》を成ずることを得て、その丈用あり。

（「玄義分」真聖全一、四四五頁）

といわれています。経というのは、たて糸であるといわれているのです。経というのは、地球儀で東経何度とかいいますが、あのたての線です。そして「経よく緯を持ちて」といわれます。緯というのは、よこ糸です。地球儀で北緯何度とかいう言い方をしますが、よこ線です。たて糸がよこ糸を受け止めていくということです。

そしてそのことによって、「匹丈を成ず」。匹というのも、丈というのも、布をはかる単位です。そういう単位をあらわす言葉で、布そのものを、この場合は意味しているわけです。要するに、たて糸がよこ糸を受け止めることで、布が仕上がるのです。そしてお経というのはたて糸だといわれ、たて糸がよこ糸を持《たも》つ。そのことで「匹丈を成ずることを得」と、こういう言葉で善導大師はお経の意味を押さえてくださっているのです。たて糸とはなにかといいますと、結局私たちの生まれてから死ぬまでを貫く、つまり私の一生涯を貫く線ですね。まあ私は六十八歳まで生きてきましたが、六十八年、生まれてからの営みを貫くのがたて糸です。

いい布を仕上げるためには、まずたて糸をしっかり張るということが大事なのだそうです。織機に、まずたて糸を張るわけです。そしてそのたて糸によこ糸を渡して織っていくわけです。その肝心のたて糸がグニャグニャだったら、どれだけよこ糸を渡しても、よじれた布しかできないでしょう。それでは、いい布に仕上がらない。たて糸とは、私たちの自分の生死を貫くものです。いろいろな言葉でいえるでしょう。それこそ「生きがい」という言葉も生死を貫いて、私の生きていること全体を受け止める言葉ですから、やはりたて糸でしょう。なにを生きがいとして生きていくのか。それでは、よこ糸というのはなにかというと、これは毎日の生活体験です。私たちは毎日、自分の人生という布によこ糸を渡しているわけです。青い糸のときもあれば、真っ赤なときもあるでしょうが、いろいろな思いをそこに染み込ませたよこ糸を一生懸命渡している。しかし、たて糸がしっかりしていなければ、どれだけよこ糸を渡しても、りっぱな布には仕上がらないのです。つまり、そのときにはよこ糸だけになってしまうのです。つまり、自分はこれだけの経験をしてきたのだと、こういう思い出があるのだと、やはり自分の毎日のよこ糸を一生懸命握りしめていくほかなくなるのです。

ですから、「三帰依文《さんきえもん》」の言葉の最初にありますように、「人身《にんじん》受け難《がた》し、いますでに受く」という、受け難き身を今いただいて生きているという人生というものの意味は、結局たて糸がはっきりとしていなければ、成就してこないのです。匹丈というのは、そこに人生の意味が、つまり布に仕上がったときに、それはいろいろに役立てるわけです。私がこの人生を生きてきた意味が、そこに開かれてくるということです。それで、たて糸がしっかりと張られていないと、ただ思い出だけを握りしめて、人生になんの表現も意味も持たずに終わるということです。お経という言葉の中に、善導大師はそういう意味を教えてくださっています。やはりたて糸がなければ、循環彷徨になっていくのでしょう。毎日の生活をお互いに比べて、一喜一憂するだけでありまして、これが私の人生なのだ、私はこう生きてきたのだということが、自分自身はっきりしない。

人生の中に、拠りどころとするお経をいただいているという意味は、そういう意味を持つわけです。そのときにはじめて、生活の現実はなかなか聞いたとおりにはならないけれども、しかしいつもそこに帰って、もう一度問い直し、教えを受けながら、また生きていく。そこに常に帰るところがあり、その帰るところにおいて問い直していく、そういう場が開かれていく。そういうことが、非常に大事なのでしょう。たとえば、りっぱな先生が他力についてお話をしてくださって、他力とはそういうものか、じゃあそうやって生きていきましょうと、それですっと生きていけるのなら、もうお寺などいらないのでしょう。けれども、そうはいきません。だからこそ、ときどきでもお寺へ来て、仏様の前に座り、お経をいただくということが、出直していくために大事なことになるのではないでしょうか。

悲歎の心と恭敬の心

そのときにやはり、親鸞聖人が教えてくださった、あるいは親鸞聖人の生きられた生き方から申しますと、繰り返し繰り返し身を正され、教えを受けて、だんだんそうなっていくということよりも、自分が教えのとおりにはならない、自分がこうあるべきだと思っていてもそうなっていかない、その自分の事実をどこまで深く悲しんでいかれたかということです。親鸞聖人を貫いているお心の一つは、「悲歎《ひたん》」ということです。親鸞聖人の書物を貫いて、悲歎の言葉が置かれていますす。我が身の事実を、どこまで悲歎するか。その悲歎の心を持っているということ。ちょっと考えてみると、悲歎の心を持っていたとしても、そうならないのならどうしようもないというようなことですが、そうではないのです。ほんとうに我が身のあり方を悲しむという心があるならば、けっして自分を物差しにして人をはかるということは出てこないはずです。人の弱さに寄り添い、人の悲しみにも寄り添うということが、やはりそこから生まれてくる。そういう悲歎の心と、そして会い得た法に対する、またあるいはよき人に会い得たことへの恭敬《くぎょう》の心、この二つの心が親鸞聖人の生活を貫き、書かれたものの全体を貫いている心でございます。

その意味では、真宗門徒というのも、じつはその悲歎の心と恭敬の心、それを生活の中にいただいていく、そういう心を呼び覚まされ、そういう心に生かされていくところに、真宗門徒ということがあるのだと思います。ですから真宗門徒の自信というのは、どこまでも自分が到達したところに自信を持つのではない。逆に、我が身を知らせていただいた、そして人間の事実を教えていただいた、そこに真宗門徒の意味というものがあるのです。私は「真宗門徒の生活に自信を持とう」という言葉をお聞きしたときに、まずそう思いました。ですから、「俺はもう大丈夫、ここまで来たぞ」ということではなくて、ある意味でいいますと、いつでも出発点に帰れるということでございましょう。せっかくここまで来たのだから、もう手放さないということではなくて、いつでもまた出発点から自分の生き方を問い直し問い直ししながら歩ませてもらえるという、その道に対するたしかさが実感されているのです。そういうことが、一つ思われることでございます。

小学校のときに、みなさんもお読みになっていたかと思いますが、『小学一年生』とか『小学二年生』という雑誌がございました。私が子どものころは、ああいう雑誌が唯一の読みものでした。毎月親に買ってもらえるのが、唯一の楽しみでございました。その何年生のときに読んだのか、まったく記憶はないのですけれども、こういう話が出ていました。「二軒の家」という話です。二軒の家が並んで建っていた。Aさんの家とBさんの家です。Aさんの家では、喧嘩ばかりしている。親子喧嘩、夫婦喧嘩、兄弟喧嘩、朝から晩まで喧嘩が絶えない。ところが、Bさんの家は、みんなが仲良く、和やかに暮らしている。ある日、Aさんの家のお婆さんが、Bさんの家のお婆さんに聞いたそうです。「なんであんたのところは、みな仲良くやっていけるんだろう。なんで私の家はこんなに喧嘩ばかりするんだろう」と。そうしたら、B家のお婆さんが、「あなたのところは、善人ばっかりだから喧嘩が絶えないんだ。うちは悪人ばっかりだから、和やかに暮していけるんだ」と、こう答えたというのです。どういうことかと聞いたら、あなたのところは、部屋を歩いていてヤカンを蹴飛ばしたら、「誰や、こんなところにヤカンを置いたのは」と怒る。置いておいたほうは「下を向いて歩け」という。お互いに、自分が悪いのではない、相手が悪いと思っているのです。お互いに、自分は間違っていない、間違っているのはお前だというところで喧嘩が絶えないのだ。そういう粗相をしたら、「申し訳ないことをしました」と、蹴飛ばしたほうがいう。すると、置いたほうも「いや、そこへ置いた私が悪いんです」という。これで和やかになるのだと、こういう話です。小学生のときの話で、たしかBさんのようになりなさい、Bさんの家のような生活をしなさいというような文章だったと記憶しています。

これはどうなのでしょうかね。Bさんの家も、気持ちの悪い家ですね。Bさんのお家で、ニコニコしていても、腹の中はわかりませんよね。「私が我慢しているから、あんたは居られるんだぞ」と思っているかもしれません。その点、Aさんのお家で笑っていられたら、その笑いは間違いないのでしょう。ほんとうに機嫌がよくて笑っているのでしょう。Aさんの家のほうが、気楽に居られるかもしれません。まあ、Bさんの家がそんなにいいかなあと、子ども心に疑問に思ったことが忘れられません。

そこで、さてCさん、つまり真宗門徒の家はどうなのだろうということです。仏教の言葉でいいますと、Aさんの家は我執《がしゅう》ですね。お互いに「俺が、俺が」と主張しあっている。我執の人の家でしょう。Bさんは、法執《ほうしゅう》でございます。私が自分を抑えているからうまくいっているのだと。自分のしていることは、どこまでも教えのように生きているのだけれども、その教えに生きているということに深く執着しているのです。悪人として常に頭を下げて生きていると、そのことを握りしめて離さなくなるのが法執です。すると、Cさんの家はどうでしょう。真宗門徒の生活という場合に、どういう生き方になるのかですね。

まあ、これはみなさんぜひお考えいただきたいと思うのですけれども、今申しますように、親鸞聖人のお姿のうえで思えば、「悲歎の心」でしょう。自らのあり方を常に悲しむという心です。だからこそ、いよいよ私を、そういう私を照らしてくださる教えに対する恭敬、敬う心が出てくるのです。親鸞聖人の生活を貫いていた二つの心は、「悲歎の心」と「恭敬の心」です。この「悲歎の心」が、とくにやはり大事なことだと、私は思います。また、ほかのどういう宗教であれ、教えに対する「恭敬の心」はあるのです。教えに対する敬いの心がなかったら、その宗教に生きるということはないでしょう。ですから、「恭敬の心」は、あらゆる宗教に生きている人の中に流れている心でしょうけれども、問題は、我が身に対して常に悲歎する心があるのかどうかということです。その大きな問題が、私は真宗の大きな要だと思っています。

作家の水上勉さんと、灰谷健次郎さんが対談をしておられました。その中で、現在の社会の状況は、絶望以外のなにものでもないといわれていました。今までは、諺《ことわざ》にあるように「歴史は繰り返す」と、そのように、あるところまで混乱を極めて、あるところまでいけば、またそういうあり方を反省して、新しい生き方が刻まれていく。その意味で、「歴史は繰り返す」ということがいえた。ところが、これからの、あるいは今私たちが生きている状況というのは、じつはもう繰り返しのできない状況ではないのか。もはや、やり直しということもできないところまできている。私たちのような、ごく普通の人間が、お互いにどこかで、肌で、この地球にも限りがあるという状況を感じている。漁師さんが、魚がいなくなった、貝が育っていないといっている。もうやり直しということのできないところまできているのではないか、そういう危機意識を持たなければいけないということをお話しになっていました。そしてその中で、お二人がある意味で、そのことにおいてお互いに頷いておられたのは、ただ一つ、もしこれからこの生活をやり直していけるとしたら、それは悲しみを知る心がそのポイントとなるだろうということでした。

人間が、どこまで悲しみというものを感じるか。人間のしている所業に対しての悲しみ。私たちはどこまでも人類中心で、高史明《コサミョン》さんは、「現代人は山に木材を見て、木を見ない」ということをいっておられます。木を見ても、それがどれだけの利用価値があるか、どこまでも人類を中心にして、あらゆるものにレッテルを貼って生きているのです。

私たちが、そういう自分たちの生活に、どこまで深い悲しみを持つことができるか。もしほんとうに深く悲しむということがあるなら、それだけがこれからの生き方を変えていくのではないか。なにかこれから、また理想を掲げて、その理想に向かって力を合わせてと、そういうわけにはいかない。そういうことを水上さんと灰谷さんお二人でお話しになっていまして、印象に残っています。

真宗門徒の生活というところには、そういう「悲歎の心」と「恭敬の心」、その二つの心が貫かれている。そういうことを、私は親鸞聖人の歩まれた姿勢の中に教えられます。そういうことをお考えいただければと思います。

一人でいるのは寂しい

私たちのいのちが、私のものであるならば、私は私一人で生きていけるはずなのです。けれども、私たちにとって、なによりも辛いのは、やはり孤独ですね。人間ほど孤独に弱い動物はいないのです。万物の霊長だといって威張っていますけれども、独りぼっちになってしまうと、途端にしゅんとしてしまう。その点では、猫などと比べようもないですね。猫などは、一匹でも悠々と生きています。しかし人間は、孤独というものには耐えられないということがあります。人間というのは、ほんとうに面倒な動物でして、一人で居るのは寂しいけれども、ほかの人と一緒に居るのは煩わしいと感じることがあります。そういう意味で、ほんとうに面倒でございます。

そのように、一人で居るのは寂しいけれど、誰かと一緒に居るのは煩わしいということから出てきたのが、ペットでしょう。私の近所の奥さんも、犬を飼っておられるのですが、「犬がいちばんいい、なんでもいうことを聞いてくれる」といわれています。家のものは、誰も自分の愚痴を聞いてくれない。しかし犬は、悲しそうな目をして聞いてくれるというのです。けれども、犬はまた、雨が降ろうがなんだろうが、散歩に連れていかなければなりませんから、世話をするのは大変です。それで、次に出てきたのが、爬虫類です。爬虫類をペットにする。爬虫類ならば、ほとんど世話がいらないのです。若い娘さんたちのあいだでは、一時期トカゲなどをペットにするのが流行りました。

そして、その次に出てきたのが、ペットのロボットです。ロボットの犬ができました。一匹二十五万円だそうです。二十五万円で販売したら、二十分で三百台も売れたそうです。ロボットの犬には、中にセンサーが入っていて、それで周りの状況を判断して、じゃれてみたり、しょげてみたり、甘えてみたりするのです。ですから、それはそれでかわいいのでしょうね。餌は食べさせなくてもいいし、相手はしてくれる。おまけに頭の上にタッチセンサーというのがついていまして、そこを撫でたり軽く叩いたりすることで、しつけることもできるのだそうです。そうすることで、怒りっぽい性格やら、優しい性格やらに変わっていくのだそうです。ですからまあ、おもしろいのでしょうね。科学というのは、なんでも作っていくのです。

ただしこれは、手放しでは喜べないのです。これを人間の形で、人間ロボットを作って、しつけていって、一つの目的に向かって一路邁進するようなロボットを作りますと、そういう権力と財力が結びつけば、これは恐ろしいことになりますね。こういうことも、いろいろと考えさせられるのです。けれども、ともかくそういうロボットが二十五万円で販売されて二十分で売れてしまう。そういう時代になっているのです。人間は、それほど孤独が寂しいし、だからといって、他人と関わるような面倒はごめんだという思いが、私たちには強くあるのです。一人では生きていけないということは、やはり、私のいのちは私だけでは成り立たないということです。そのことが、おのずとそこにあらわれているのだと思います。私のいのちが、私だけで成り立っていくのであれば結構なのでしょうけれども、そうはいかないというのが事実なのです。

マザー・テレサさんが、「人間にとっていちばん悲惨なことは、貧しさでもないし、病《やまい》でもない。自分は誰からも見放されていると感じることだ」ということをいつもおっしゃっておられました。人間にとっていちばん悲惨なことは、自分は誰からも見放されている、あるいは誰からも必要とされていないと感じることだということをおっしゃっておられたのだそうです。ですから、マザー・テレサさんは行き倒れになっている人たちを収容して、いろいろと世話をされた。そうすることで、「あなたを見放してはいないよ」という呼びかけをしておられたのでしょう。

キャッチボール

「キャッチボール」という言葉があります。キャッチボールというのは、子どもでも「キャッチボールしよう」といいながらやっています。これは、もう二十年近く前になりますが、姫路のほうで田中裕三という方が、癌で亡くなられました。家族、友だち、近所の人たちに支えられながら、最期の最期まで前向きに生きられた方です。その田中さんのことを聞いて、当時はまだ末期医療ということが進んでいませんでしたから、東京大学のお医者さんから「自分たちには末期癌の人たちの気持ちがわからない。だから聞かせてくれないか」という要請がありまして、姫路から東京まで、わざわざ行かれました。そして帰ってこられて、一週間くらいで亡くなられたのです。そのときにお話しになったのが、この「キャッチボール」ということなのです。「患者は、どんなに末期癌であっても、キャッチボールをしてもらえたら生きていけます」ということをおっしゃっておられるのです。

では、キャッチボールというのはなにかというと、「ああ苦しい」と私たちが思わずもらす、その「ああ苦しい」というボールを投げたら、まずそのボールをきちっと受け止めてほしい。そして今度は、「どこが苦しいのか」と、またボールを投げ返してほしい。そうすると「どこそこがこうなんだ」と、こっちがまたボールを投げ返す。そういうボールの投げ合いを続けていく中で、自分はこの人に受け入れられている、この人から見放されていない、包み込まれているという思いを持つことができる。そのことが、生きていく勇気になる。お医者さんたちは、私たちを励ますつもりでも、「ああ苦しい」といったときに、「心配せんでもいい」とか、「そのくらいは我慢せよ」といわれる。そうすると、せっかく投げたボールを途中ではたき落とされたような寂しさを感じる。だから、まずボールを受け止めてほしいと、田中さんはおっしゃっておられました。そのときに、キャッチボールという言葉を使っておられました。

考えてみますと、人間関係のいちばんもとは、キャッチボールですね。振り返ってみますと、私たちの生活の中で、そのキャッチボールというものが、今現在失われているのではないでしょうか。

これは、三年ほど前のことですが、不登校の子どもたち、それからその子どもたちの親の集まりがございました。そのときに、一人の不登校をした女子高生が、こういう発表をしているのです。自分がどうしても学校に行けなくなって、「学校へ行けない、行きたくない」といくらいっても、親は聞き入れてくれなかった。「なにをくだらないことをいっているんだ、さっさと行きなさい」といわれるばかりだった。最後には、もう仕方がないと思って、二階の勉強部屋から飛び降りたというのです。いのちは助かったのですけれども、そういうことになってみてはじめて、母親のほうも「そこまで嫌なのか」ということで、ほんとうに死なれては大変ですから、仕方なく、学校に行かないということを認めるようになった。けれども、折あるごとにそばに来て、「学校くらい出てなかったら、将来どうするんだ」と、そういうことばかりいう。死のうかと思っている娘のそばで、「学校くらい出てなかったら、将来どうするんだ」と、将来のことばかりいう。それも決まりきった物差しによって、学校を出ていないと、人間は幸せな人生を送れないという思い込みで、そういうことばかりいう。そういう親とは、いったいなんなのか。そういうことを、女子高生がみんなの前で発表しているのです。

　それから、新聞の投書で見たのですが、どこにも居場所がない、やり場のない気持ちに耐えられずに、発作的にカッターナイフで自分の手を傷つけた子どもがいたのです。もちろん大事にはいたらない程度のことなのです。そして、母親が夕方帰ってきたときに、子どもは「今日こんなことをしちゃった」といったそうなのです。そうしたら、母親が開口一番にいわれたのは、「私を試すつもり？」という言葉だったそうです。親としての私を試すつもりなのかと。母親は、「私がどうするか試すために自分の手を傷つけたのか」といった。その言葉を聞いて、子どもは、もう母親にほんとうのことや自分の気持ちを語ろうとは思わなくなったと、そういう投書があったのです。

この場合は、キャッチボールどころではないわけです。投げたボールを途中ではたき落とされている。それもひどいかたちではたき落とされているわけです。そういうときに感じる子どもたちの孤独感、寂しさ、絶望感というものは、ほんとうに深いものがあるだろうと思います。そういうキャッチボールができない、キャッチボールをしてもらえないということの悲しみ、それはやはり、私たちは一人で生きていける存在ではないということをあらわしていると思います。

「親に三種の親あり」

そしてじつは、お念仏というのは、仏と私とのキャッチボールなのです。お念仏というと、なにかずっと向こうのほうにいらっしゃる阿弥陀様に向かって「頼みます」と、こちらから呼びかけることのように思ってしまうのですけれども、じつはそうではありません。お念仏とは、詳しくは「念念仏」です。つまり「念じたもう仏を念ずる」ということなのです。知らん顔して、向こうのほうに立っておられる仏様に、こちらから「頼みますよ」といっているのではないのです。阿弥陀如来とは、私を念じたもう仏の名でございます。その念じたもう仏の心をいただき、念じるのがお念仏なのです。

大谷大学の学長をされました、正親含英《おおぎがんえい》という先生がいらっしゃいました。正親先生は、親には三種の親がいると、書物の中に書いておられまして、印象深く残っています。その第一の親は、戸籍に載っている親です。その親の名前は、私のいのちの歴史を私に伝えてくださる。戸籍の親がわからないと、私の人生は宙ぶらりんになってしまいます。その宙ぶらりんの不安というのは、生きていてもたしかさが感じられないというものでしょう。その苦しみが、いわゆる大陸に残された残留孤児の方々が親探しをされる気持ちなのでしょう。やはり、親がわからないということは、私のいのちの出どころ、歴史がわからないということですから、第一の親は、そういう私のいのちの歴史を私に伝えてくださっている親だといわれるのです。

それから第二の親は、毎日、生活の中で顔を合わせている親です。この親は、百面相をする。つまり、毎日毎日違った顔に見える。生きているあいだは、お互いに感情をぶつけあうわけです。その場合、私のほうの気持ち、親に対する要求というものが根本にあって、私の思いを満たしてくれるときはいい親、ものわかりのいい親で、優しい親になります。しかし、私の要求をまったく感じとってくれない。それこそ叩きつけられるというようなことになると、わからずやの頑固な親だということになります。つまり、そのとき、その日の自分の気持ちで、いろいろに見える。ですから、一緒に生活しているときは、いちばん親に会っているはずなのですけれども、なかなか心がつながらないのです。

私自身、父親を失ってから二十三年になりますが、死なれてみてはじめて、会えたということがあるのです。父親が生きていたあいだは、正直いって、まず反発が先でした。いろいろなことで反発がありました。とくに私の父親は、あまりものをいわない男でありまして、私の父の友だちの方が私の父を評して、ここの親父はヒラメだと、こうおっしゃったことがあるのです。ヒラメってなんだといったら、海の底で目だけ出して下からずっと見ている、なにもいわずにただじっと見ているという、息子にとってはいちばんやりきれない親でした。私が本山の教学研究所に勤めていて、なにかとバタバタしていますと、なにをくだらないことをしているという感じで見ていました。私は私で、なにかしたらどうだという思いを持ったりして反発していて、なかなか会えませんでした。ところが、死なれてしまいますと、もうこちらの要求は突きつけようがないわけです。要求を突きつけられない。しかも父親がしていた仕事を、自分が同じ場所でやりはじめてみると、あらためて気づかされることばかりでした。あのときはこういうことをいいたかったのだなあとか、こういうことに気づいてほしいと思っていたのかなあとか。そういうことに、死なれてみてはじめて気づいたということがございます。そういうことからいえば、死なれてみてはじめて会えたということがいえるわけです。ですから、顔をつきあわせているあいだは、逆に百面相でございました。

私たちの百面相の見方は、まことにいい加減なものです。私が教学研究所に入ったころに副所長をしておられた先生がいらっしゃいまして、やはり全国を講義に歩いておられました。温泉がお好きで、その土地が温泉地ですと、休憩時間になると温泉につかっておられるというような先生でした。それで、そのときも温泉につかっておられたら、相客が二人いたというのです。それは、四十歳代の壮年の人と、七十歳代のご老人だったそうです。そして、そのご老人はニコニコと笑っておられる。先生も、このご老人はきっと家庭生活が幸せなのだろうな、おまけにこうして温泉地へ来て、幸せな人だろうなと思って見ておられたそうです。

そうしたら、四十歳代の男の人が、「お爺さん、さっきから見ていたら、ほんとうに幸せそうでいいね。私はこっちへ集金に来たけれども、ちっとも思うように金が集まらないので、こうしてお湯につかっていても気が気じゃないんだ。それに比べたら、お爺さんは幸せそうだね」と、声をかけたそうです。

するとそのお爺さんが怒りだしたそうです。ニコニコ笑いながら怒りだされたのです。「なにが幸せなものか、三年前に中風になってからこういう顔になったんだ」と。笑い中風というものがあるそうなのです。筋肉がひきつるのですが、それがちょうど笑っているように見えるのです。

顔の筋肉が緩んでいる人は、笑っている人だ。笑っている人は、幸せな人なのだというのは、こちらの物差しなのです。ご本人は、そのことでどれだけ不便な思いをされたことか。まあ、お年ですから、お悔やみに行かれることも多いでしょうけれども、そういう場所で一人だけニコニコしているというのは、どうもいけませんよね。だから、「なにが幸せなものか」と怒られた。

それを横で先生が聞いておられて、私たちのものの見方というのは、みんなそういうもの、だいたい似たり寄ったりだと思われたそうです。こちらの物差しで勝手にはかって、羨んでみたり、軽んじてみたりしている。ですから、顔をつきあわせていれば、それで出会っているかというと、そうはいかないということがある。二番目の親は、そういう百面相をする親だといわれるのです。

そして三番目の親は、生きていようと亡くなってからであろうと、自分が人生に行き詰まって、深い悲しみや苦しみの中で、思わず親の名を呼ぶ。その呼び声として、私のうえに生きてくださっている親です。それは百面相をする親ではなく、私が忘れているときも、そっぽを向いているときも、いつも私のことを念じてくれている親です。そういうことがあればこそ、私たちは行き詰まったときに、思わず「お父さん」とか、「お母さん」とか、親の名を呼ぶということがあるのだということを、正親先生が、「親に三種の親あり」ということで、お話をされました。

念仏の道

お念仏ということを、正親先生のお話に重ねて申しますと、まさに三番目の体験でございますね。私たちが「なんまんだぶつ」という。その「なんまんだぶつ」になんの意味があるのだろうと思います。「なんまんだぶつ」といったところで、人生が変わるわけでもないし、力が湧いてくるわけでもない。考えてみても、なにも意味が感じられないというのが、普通の感じ方でしょうね。けれども、その「なんまんだぶつ」が、何百年の歴史を持っているのです。私のこの人生にまで、念仏申す人の歴史が「なんまんだぶつ」という言葉を伝えてくださった。ほんとうになんの意味もないものなら、消えているはずです。しかし「なんまんだぶつ」という、その念仏と共に生きてこられた人々が、私にまでその歴史を伝えてくださって、私はその歴史の中で、このいのちを養っていただいてきたということがあるのです。

この日本には、「なんまんだぶつ」というお念仏と共に生きてきた人の歴史が、私にまで伝えられているのです。ですから、わけがわからなくても「なんまんだぶつ」といっている。これは、大変なことでございます。わけがわからずにいうということは、私の思いよりも、もっと深いところで感じているということです。手を合わせるということ一つでも、歴史がなかったら手は合わせられないのです。ですから、キリスト教徒の人は、手を合わせなくて、十字をきるのでしょう。そこには長い歴史があり、その歴史を通して、私たちが呼びかけられているということがあります。お念仏というのは、そういう念じてくださっている仏の心に出会い、そしてそういう心に出会ってきた人々が私にまで伝えてくださった。そういう歴史が、今「なんまんだぶつ」という言葉として私のうえにはたらいてくださっているのです。

私たちがお念仏を「となえる」というときには、「称」という字を使います。

口に声を出すというのは「唱」です。日蓮宗や創価学会の人は、題目を唱えられます。「南無妙法蓮華経」という題目を唱えるときには、唱題目です。口に声を出して「唱える」という行為が、功徳《くどく》を持っているとされます。ですから、創価学会の人たちは、一日に何万回と題目を熱心に唱えられる。あれは、唱えることそのものに功徳があるから唱えるのです。たくさん唱えれば唱えるほど、功徳が多くなる。ですから、日々題目を一生懸命に唱えるということが勧められるわけです。

ところが、お念仏の場合は、称名《しょうみょう》念仏と、「称」という字を書くわけです。

親鸞聖人は、

「称《しょう》」は、御《み》なをとなうるとなり。また、称《しょう》は、はかりというこころなり。はかりというは、もののほどをさだむることなり。名号《みょうごう》を称《しょう》すること、とこえ、ひとこえ、きくひと、うたがうこころ、一念もなければ、実報土《じっぽうど》へうまるともうすこころなり。

（『一念多念文意』聖典五四五頁）

このように、「称」は「秤《はかり》」という意味であるといっておられます。昔の天秤ばかりにしても、竿ばかりにしましても、載せた品物の重さと分胴の重さをピタッと一つにする。二つの物の重さがピタッと合ったときに、目盛りを読むわけです。それで重さがわかる。ですから、この「称」という字は、二つのものがピタッと一つに合うことなのだといわれているのです。口にただ「なんまんだぶつ」と称える行為に意味があるのではないのです。そうではなくて、私たちに念仏申してくれといわれる仏の心と、仏の名を称える私たちの心とがピタッと一つになるのが、称名の「称」という字の意味なのです。

ですから親鸞聖人は、念仏は一遍でもいい、またいくら称えてもいい、その数にとらわれることはないといわれます。ただ一度であっても、ほんとうに仏の心と一つになるならば、そこに仏の心をいただく信心の生活がはじまるのです。ですから親鸞聖人は、この称名のところで、「とこえ、ひとこえ、きくひと、うたがうこころ、一念もなければ」と、「きくひと」といっておられるのです。「とこえ、ひとこえ、となえるもの」とはいっておられないのです。称名の「称」は「はかり」だということをおっしゃって、その後に「とこえ、ひとこえ、きくひと」といわれています。お念仏申すということは、お念仏申してくれというその願いを聞くことなのです。仏の願いを聞くということがなければ、それはそれこそ「空念仏《からねんぶつ》」でございます。心が入っていない。称名の「称」という字は、そういう意味を持つのです。ですからそこに、この仏の名を称えるということを通して、仏の心に受け止められ、仏の心を受け止めるという、まさにその意味でのキャッチボールが開かれる。そこに生きていく勇気というもの、先ほどの姫路の田中さんが、「キャッチボールをしてもらえるのならば、最期まで勇気を持って生きていけるのだ」と、身をもっておっしゃってくださったことに教えられるわけです。そういうことが、念仏の道として教えられているわけでありまして、真宗門徒の生活というものは、そういう念仏の心に生きるというところに開かれていく生活だと思います。

あとがき

この講話は、すでに二〇一一年に法藏館から出版された『宮城顗選集』第六巻に「真宗門徒の生活に自信を持とう――いのちの尊さを念じて――」として収められています。これは、一九九九年六月、真宗大谷派長浜教区第十四組満立寺における「満立寺同朋のつどい」において、午前、午後にわたってなされたお話であります。「同朋のつどい」の後、会員の手づくりで冊子にしたものを、少し編集し直してあります。

今回、改めて『真宗門徒の生活に自信を持とう』として出版され、多くの有縁の方々にお読みいただけるということは、とてもうれしく有難いことであると思っております。

この「同朋のつどい」は、当寺の門徒婦人会が結成されて二十年になる、その記念の行事として計画されたもので、婦人会の方々がこの機会に何としてでも宮城先生のお話をお聞きしたいという願いを持たれ、京都の先生のご自坊へ私も一緒にうかがい、是非ともとお願いして実現した聞法会でした。

テーマや会のもち方など、約一年間の話し合いをもち、当日をむかえました。さして広くない本堂ですが、遠近より参加された百名以上の方々であふれるほどでした。午前のお話、昼食時の班別座談、午後はその発表をうけてのお話と、一日を通した聴聞の場をいただいたことであります。今思いましても、よくぞあのような会が実現したものだと、その日の感動が鮮やかによみがえってまいります。

このときのテーマ「真宗門徒の生活に自信を持とう――いのちの尊さを念じて――」が生まれた背景については、当日の実行委員長さんがあいさつの中で「このテーマは、実行委員のみなさんの話し合いの中から生まれました。「生きがいって一体なんでしょうか」「毎日一生懸命生きているのに、何か満たされぬものがあるんです」「お寺って私にとって一体なんでしょうか」「本当に真宗門徒として、親から子、子から孫へと相続できているのだろうか」と、それぞれのみなさんの問いや、悩みや、迷いが、こうしたテーマとして生まれました」と述べています。先祖代々からの真宗門徒としての生活を受けつぎ、毎日のお内仏のお給仕やお勤め、法事ごと、また報恩講や永代経などお寺の行事にも参加しながら、もう一つそのことに自信が持てない、誇りが持てない。そのような正直な気持ちが、このようなテーマになったのであります。

宮城先生は、お話の中でこのテーマを重く受け止めてくださり、「真宗門徒の生活に自信を持つということは、けっして人より力がついてきて、りっぱな道に立っているということではなくて、人間としてどこまで堕ちようと、それを支えてくださるたしかな道に出会っているということ、そのたしかさを実感した生活ができるということだと、私は思っています」とおさえてくださいました。講話では、そのたしかな道としての念仏生活を、様々な話題や先生ご自身が出遇われた人を通して、本当に丁寧にお示しくださいました。

この書を広く有縁の方々にお読みいただき、先生の聞思のお心にふれてくださることを念ずる次第です。

二〇一九年五月

真宗大谷派 満立寺 前住職 黒田 進

宮城　顗（みやぎ　しずか）

1931年、京都市に生まれる。大谷大学文学部卒業。大谷専修学院講師、教学研究所所員、真宗教学研究所所長を歴任。真宗大谷派本福寺前住職。九州大谷短期大学名誉教授。2008年11月21日逝去。

真宗門徒の生活に自信を持とう

二〇一九年六月二〇日　初版第一刷発行

著　者　宮城　顗

発行者　西村明高

発行所　株式会社　法藏館
京都市下京区正面通烏丸東入
郵便番号　六〇〇-八一五三
電話　〇七五-三四三-〇〇三〇（編集）
〇七五-三四三-五六五六（営業）

装幀者　山崎　登

印刷・製本　中村印刷株式会社

ISBN978-4-8318-7918-9 C0015

宮城顗の本

念仏が開く世界　二七八円

後生の一大事　一、〇〇〇円

〝このことひとつ〟という歩み　唯信鈔に聞く　二、八〇〇円

正信念仏偈講義　全五巻　二七、六七〇円

宮城顗選集　全一七巻　宮城顗選集刊行会編　各七、〇〇〇円

①論集
②〜④講座集Ⅰ〜Ⅲ
⑤⑥講演集ⅠⅡ
⑦浄土三部経聞記
⑧⑨嘆仏偈聞記、本願文聞記ⅠⅡ
⑩〜⑬教行信証聞記Ⅰ〜Ⅳ
⑭⑮浄土文類聚鈔聞記ⅠⅡ
⑯⑰浄土論註聞記ⅠⅡ